Maureen Garth

Sternenglanz

Maureen Garth

Sternenglanz

Phantasiereisen für Kinder
bis acht Jahre

AURUM VERLAG

Die Originalausgabe dieses Buches erschien unter dem Titel »Starbright. Meditations For Children« im Verlag Collins Dove (a division of HarperCollins*Publishers*) Melbourne, Australien. Die deutsche Ausgabe erscheint mit Genehmigung von HarperCollins*Religious* (a division of HarperCollins*Publishers*).

Ins Deutsche übersetzt von Gabriele Kuby.

Umschlaggestaltung: Daniela Kulot-Frisch

Die Deutsche Bibliothek – CIP-Einheitsaufnahme

Garth, Maureen:
Sternenglanz : Phantasiereisen für Kinder bis 8 Jahre /
Maureen Garth. [Ins Dt. übers. von Gabriele Kuby]. –
Braunschweig : Aurum-Verl., 1996
ISBN 3-591-08401-8

1996
ISBN 3-591-08401-8
© 1991 Maureen Garth
© der deutschen Ausgabe Aurum Verlag GmbH, Braunschweig
Gesamtherstellung: Westermann Druck Zwickau GmbH

Inhalt

Einleitung

Warum ich mit meiner Tochter meditiere

Ich begann mit meiner Tochter Eleanor zu
meditieren, als sie ungefähr drei Jahre alt war. Es
waren einfach Meditationen, die sie friedlich
schlafen ließen. Normalerweise schlief sie gut,
aber ein paarmal muß sie wohl Alpträume gehabt
haben. Sie wachte verstört auf, und das hat in mir
die Idee aufkommen lassen, mit ihr zu meditieren.
Ich meditiere selbst gern und hatte das Gefühl,
daß ich Eleanor auf diese Weise zu einem ruhigen
Übergang von der Aktivität des Tages in den
Frieden der Nacht verhelfen konnte.

Anfangs benutzte ich ganz einfache Bilder.
Damit sie sich immer beschützt und niemals
allein fühlen würde, gab ich ihr einen Begleiter an
die Seite. Ich sagte Eleanor, daß wir vom
Augenblick unserer Geburt an einen Beschützer
haben, der über uns wacht und der uns liebt.

Diesen Schutzengel stattete ich mit großen goldenen Flügeln aus, die er um Eleanor legen konnte, damit sie sich sicher fühlen würde.

In diesem Alter brauchen Kinder die Gewißheit, daß immer für sie gesorgt wird, da die Nacht und die Dunkelheit für sie sehr unheimlich sind. Später kam zum Schutzengel noch ein Garten hinzu, damit Eleanor einen Ort voller Frieden und Sicherheit hatte, den sie in ihren Träumen aufsuchen konnte.

Als Eleanor vier Jahre alt war, gab ich ihr einen Stern, der ganz speziell für sie leuchtete. Oft war es ein rosa Stern – Eleanors Lieblingsfarbe – aber er konnte auch jede andere Farbe annehmen, die mir gerade in den Sinn kam. Manchmal hatte der Stern Tupfen oder Streifen. Ich ließ mich einfach von der Vorstellungswelt des Kindes leiten.

Damit Eleanor sich entspannen konnte, füllte ich den Stern mit weißem Licht und ließ es herabfließen – von oben in den Kopf hinein, in die Arme, die Hände und die Finger, in den Oberkörper und den Bauch, in die Beine, die Füße und die Zehen. Kindern fällt diese Visualisationsübung leicht, weil Sterne ihnen wichtig sind. Auf

Kinderbildern tauchen regelmäßig Sonnen und Sterne auf, nicht jedoch der Mond. Das ist interessant, denn Kinder sprechen über den Mond, deuten auf ihn und sind ganz fasziniert davon. Dennoch erscheint der Mond selten in ihren Zeichnungen, sehr oft allerdings sechseckige Sterne und eine riesige strahlende Sonne.

Nach und nach schmückte ich Eleanors Garten immer mehr aus. Es gab darin ein Baumhaus, einen Wasserfall, hinter dem ich mit Eleanor durchgehen konnte, einen Teich, an dem die Tiere tranken, und vieles mehr. Ich ließ meiner Phantasie freien Lauf und stellte fest, daß auch ich großes Vergnügen an den Meditationen hatte. Ich ließ Eleanor klein werden, gab ihr Feenflügel und tat alle möglichen Dinge, von denen ich glaubte, daß sie ihre Innenwelt bereichern würden.

Eleanor ist jetzt acht, und ihr Stern bedeutet ihr sehr viel. Sie ist unglücklich, wenn ich sage, ich wäre zu müde oder zu beschäftigt (was nicht oft vorkommt), aber sie kann auch schon allein eine Meditation machen. Sie braucht mich nicht unbedingt dazu, aber sie liebt die Geborgenheit und die Nähe, wenn wir es gemeinsam machen. Inzwischen erzählt sie mir meist eine Geschichte, bevor ich sie in die Meditation führe, und ihre Geschichten sind einfach entzückend.

Freunde miteinbeziehen

Oft schlafen Kinder aus der Nachbarschaft bei uns, und das heißt, daß Eleanors Stern auch für sie leuchtet. Dabei wird er natürlich zum ganz besonderen Stern eines jeden Kindes. Warum sollte nicht jedes Kind etwas haben, das nur ihm und ihr ganz allein gehört?

Wie sich gezeigt hat, ist der Stern für viele von Eleanors Freunden sehr wichtig geworden. Es macht mir große Freude, sie abends ins Bett zu bringen, sie gut zuzudecken, ihnen einen Gutenachtkuß zu geben und ihnen dann, wenn ihre Augen fest zu sind, leise von all den Wundern zu erzählen, die der Stern bringt. Ich gehe mit ihnen auf eine Reise ins Land der Phantasie. Kinder bitten mich, selbst wenn sie ein ganzes Jahr nicht bei uns gewesen sind: »Machst du das wieder, was du das letzte Mal beim Zubettgehen gemacht hast?« Sie erinnern sich daran, weil es eine schöne Erfahrung für sie war.

Manche der Kinder erzählen mir, sie hätten
»das All« gesehen oder »andere Welten«, die sie
bildreich beschreiben, andere berichten von einem
Schloß oder von Gold am Ende des Regenbogens
und so weiter und so fort. Es ist interessant,
ihnen zuzuhören und die Freude in ihren
Gesichtern zu sehen, die sie in der Stille gefunden
haben, selbst wenn sie nur so kurz war. Wenn die
Meditationen am Abend gemacht werden, lasse
ich die Kinder einfach in den Schlaf hinübergleiten. Am Morgen erzählen sie voll Begeiste-
rung, was sie gesehen und getan haben. Nicht
immer erinnern sie sich daran, aber sie haben auf
jeden Fall gut und friedlich geschlafen.

Wie Meditation Kindern hilft

Leider fällt es Kindern, wenn sie sieben oder acht
Jahre alt sind, oft bereits schwer, diese Techniken
zu lernen. Entspannung und Visualisation
können, wenn sie schon im frühen Alter gelehrt
werden, den Kindern nicht nur helfen, mit den
Anforderungen der Schule besser zurechtzu-
kommen, sie wirken sich auch in anderen

Lebensbereichen positiv aus. Die Konzentration der Kinder verbessert sich; ihre künstlerischen Fähigkeiten entfalten sich; sie sind ruhiger; ihre Tagträume tun ihnen nicht nur wohl, sie sind sogar konstruktiv.

Mir ist die Qualität der Geschichten aufgefallen, die meine Tochter niederschreibt. Ihre Wortwahl ist ungewöhnlich und ausdrucksstark, zum Beispiel: »... hurtig huschten sie vorüber«, »... sagte sie traurig schmollend«, »... fragten sie mit stummen Stimmen«.

In ihren Geschichten kommen nicht nur Feen und »kleine Leute« vor, sondern auch wirkliche Menschen, Reisen in Muscheln, Wanderungen auf dem Regenbogen und so weiter. Vielleicht hätte sie diese ungewöhnliche Ausdrucksfähigkeit auch unabhängig von dem Stern gehabt, aber sicherlich hat er ihr geholfen, ihre Phantasie zu befreien.

Die Meditationen in diesem Buch sind nur Beispiele, auch wenn die Auswahl, wie ich hoffe, gut ist. Das wichtigste ist, daß Sie Ihrer eigenen Phantasie freien Lauf lassen und Bilder und Szenen erschaffen, die Ihnen und Ihren Kindern viel bedeuten. Beschränken Sie sich nicht selbst, lassen Sie Ihren Vorstellungsstrom einfach fließen, und Sie werden staunen, wie leicht es ist und wieviel Freude Ihnen die Szenen machen, die Sie vor den inneren Augen Ihrer Kinder entstehen lassen.

Auf diese Weise weben Sie ein Band zwischen sich und Ihren Kindern, das an deren Kinder und Kindeskinder weitergegeben werden kann. Vielleicht helfen Sie auf diese Weise zukünftigen Generationen, bewußter und mehr in ihrer Mitte zu sein, als wir es waren.

Und noch etwas: Ich fülle das Herz der Kinder mit Liebe. Manchmal »mache« ich ihre Herzen groß und pulsierend, so daß sie die Liebe fühlen, die sie für andere Kinder, für Erwachsene und Tiere haben. Manche Kinder sehen eine Tür zu ihrem Herzen, die sie aufschließen und durch die sie eintreten können. Es ist wunderbar, den Kindern – jedenfalls manchen von ihnen – einen Weg zu zeigen, wie sie ihre Liebe ausdrücken können, wenn sie diese Tür aufschließen.

Wie man anfängt

Jede Meditation beginnt mit dem Stern, dem
Fokuspunkt, der den inneren Raum für die
Visualisation bereitet. Auf den Stern folgt der
Engel und darauf der Sorgenbaum, wenn Sie ihn
für nötig halten. Dann führen Sie die Kinder
durch die Visualisation, die Sie ausgewählt haben.
Tun Sie, was immer der Stimmung Ihres Kindes,
der Kinder oder Ihrer eigenen Stimmung
entspricht.

Obwohl ich einen Stern als Fokuspunkt
benutze, kann es auch der Mond oder die Sonne
sein – was Ihnen lieber ist. Wichtig ist, daß Ihr
Kind einen Punkt hat, an den es sich halten kann.
Zur Entspannung und Visualisation kann man
das Licht genauso von der Sonne oder vom Mond
herabbringen wie von einem Stern.

Wenn Sie zum Beispiel den Mond nehmen,
könnten Sie sagen, daß der Mond seine Finger
über die ganze Welt ausbreitet, so daß jeder in der
Nacht sehen kann, daß er aber einen ganz
besonderen Mondstrahl nur zu Ihrem Kind
schickt. Dieser glitzernde Lichtstrahl berührt alle
Teile seines Körpers und läßt sie leuchten.

Wenn Sie die Sonne gewählt haben, können Sie darüber sprechen, daß die Sonne ein großer goldener Ball am Himmel ist, voller Wärme und Licht. Ein großer kräftiger Sonnenstrahl tanzt zu Ihrem Kind herunter, liebkost es und füllt jeden seiner Körperteile mit Licht und Wärme. *Sie* müssen selbst entscheiden, mit welchem Gestirn Sie sich am wohlsten fühlen, ob mit der Sonne, dem Mond oder einem Stern.

Das gleiche gilt für das Thema des Schutzengels. Wichtig ist, daß Sie sich wohl fühlen mit dem, was Sie sagen. Vielleicht liegt Ihnen eine andere Gestalt mehr: ein Beschützer, der sich als weise alte Frau oder weiser alter Mann zeigt und das Kind in einen goldenen Umhang hüllt, um ihm Sicherheit zu geben.

Für Eltern

Wenn Sie sich mit dem, was Sie tun, nicht ganz wohl fühlen, wird es Ihnen schwer fallen, das Gefühl der Meditationen zu vermitteln. Was ich geschrieben habe, muß keineswegs wörtlich genommen werden. Wenn Sie Großvater Baum als

Thema auswählen, aber Ihre eigenen Worte benutzen, um die Geschichte zu erzählen, ist das ganz in Ordnung. Die Meditationen in diesem Buch sind einfach nur Beispiele für das, was man sagen könnte. Sie können andere Bilder nehmen, in denen die Lieblingsdinge und -beschäftigungen Ihres Kindes vorkommen. Wenn Ihr Kind zum Beispiel Eisenbahnen mag, könnten Sie es in den Zug setzen und durch die Landschaft kurven lassen, oder Sie lassen das Kind Augen und Ohren der Lokomotive sein, so daß es die Erfahrung macht, selbst der Zug zu sein, der durch die Gegend braust. Oder Sie könnten Ihr Kind auf einen Zauberteppich setzen, der über Städte und Berge fliegt und von dem man eine phantastische Aussicht hat. *Was* gesagt wird, hängt von Ihnen als Vater oder Mutter und von den individuellen Bedürfnissen Ihres Kindes ab. Am wichtigsten sind Wärme und Nähe, die entstehen, wenn Sie diese stille Zeit mit Ihrem Kind verbringen. Das ist eine ganz andere Gemeinsamkeit als beim Vorlesen.

Für Lehrer

In der Schule meiner Tochter habe ich
Meditationen für achtjährige Kinder geleitet. Es
war offensichtlich, daß die Kinder, die leicht
lernten, sich besser konzentrieren und sich
leichter vorstellen konnten, was ich sagte,
während die Kinder mit Lernproblemen herum-
zappelten und nicht zur Ruhe kamen. Meditation
und Visualisation können den Kindern zu
erhöhter Konzentration verhelfen, die dazu
neigen, ihre Energien zu zerstreuen.

Etwas älteren Kindern half ich auch beim
Geschichtenschreiben, was sehr viel Spaß machte.
Bald nachdem wir mit den Meditationen
begonnen hatten, zeigte sich ein deutlicher
Unterschied in dem, was sie schrieben. Anfangs
ging es meistens um ihre Familien oder um
äußere Ereignisse. Mit der Zeit wurden die
Geschichten länger und detailreicher und spielten
weniger im Außen als vielmehr in der inneren
Welt der Phantasie. Der sprachliche Ausdruck
verbesserte sich erheblich.

Die Meditationen in diesem Buch können auch
tagsüber gemacht werden, obwohl sie mehr in

17

Abendstimmung gehalten sind. Sie werden feststellen, daß ich die Kinder immer in ihrem Garten oder auf einer Wolke oder sonst in einer Szene lasse, wenn ich möchte, daß sie von dort glücklich in den Schlaf hinübergleiten. Natürlich geht das nicht, wenn Sie die Meditationen am Tag mit einer Gruppe von Kindern, zum Beispiel mit einer Schulklasse machen.

In diesem Fall gehen Sie mit den Kindern an einen Punkt in der Meditation, wo sie zur Ruhe kommen, und sagen: »Ich bin jetzt ganz still und laß euch eine Weile dort. Geht, wohin ihr wollt, ihr seid dort völlig sicher, und ich werde euch bald wieder abholen.« Lassen Sie die Kinder fünf oder zehn Minuten lang an diesem Ort der Stille, je nach ihrer Aufmerksamkeitsspanne, und führen Sie sie dann wieder aus der Szene hinaus, schließen Sie leise das Tor hinter ihnen, gehen Sie mit ihnen am Sorgenbaum vorbei, wo sie all ihre Probleme abgegeben haben, und geben Sie ihnen Zeit, um wieder ganz im Raum anzukommen, bevor sie die Augen öffnen.

Nach der Meditation können Sie jedes Kind fragen, was es gesehen hat. Die mit guter Konzentration kommen in einen ruhigen, ausgeglichenen Zustand, der sehr schön anzusehen ist. Sie teilen ihre Erfahrungen in der Regel gern mit, während die Kinder mit Konzentrationsschwierigkeiten kaum etwas zu erzählen haben. Aber wenn Sie eine Weile dabeibleiben, werden Sie feststellen, daß die Zappelphillipe allmählich zur Ruhe kommen und mehr sehen. Ihre schulischen Leistungen werden sich deutlich verbessern, während sie sich in der Kunst der Konzentration üben.

Jungen und Mädchen

Da viele Jungen zu dem Glauben erzogen werden, »daß nur Mädchen so etwas tun«, machen sie sich über Meditation oft lustig. Jungen werden auch heute noch kaum ermutigt, zu ihren Gefühlen zu stehen und damit ihr volles Potential zu enfalten. Sie wären sicher viel glücklicher, wenn sie ihre Gefühle frei ausdrücken dürften, ohne Spott fürchten zu müssen. Die Meditationen in diesem Buch können dazu beitragen, einige der Begrenzungen zu überwinden, die die Gesellschaft Jungen schon im frühsten Alter auferlegt.

In die letzte Meditation des Schuljahres wollte ich Feen, Elfen und Tanz einbringen, aber ich war mir nicht sicher, wie achtjährige Jungen darauf reagieren würden. Ich spürte einen starken Drang, es dennoch zu tun, und ließ mich einfach trotz meiner Befürchtungen darauf ein. Wie überrascht war ich, als ich merkte, daß die Jungen voll dabei waren und der größte Skeptiker sogar sagte: »Das war bisher die beste.«

Eleanors Klasse war gemischt, und sowohl die Jungen als auch die Mädchen genossen jede Meditation und jede Geschichte, die ich mir ausdachte. In jeder Klasse gibt es ein paar schüchterne Kinder. Daher empfiehlt es sich, mindestens eine Geschichte zu bringen, in der das Kind mutig und stark ist und den Garten allein erkundet, ohne zu wissen, was ihm dort begegnen mag, auch wenn man sonst noch so sehr betont, daß es im Garten absolut nichts gibt, was einem schaden könnte, und daß selbst die größten Tiere zahm sind. Natürlich sollten Sie immer hervorheben, daß die Kinder beschützt sind und ihnen nichts zustoßen kann.

Problemkinder

Die Kinder, die Schwierigkeiten mit der Meditation im allgemeinen hatten und nie damit in Berührung gekommen sind, hatten auch eine schlechte Konzentrationsfähigkeit und konnten nur schwer stillsitzen. Kinder lieben Geschichten, und es fördert ihre Konzentration, wenn man ihnen abends regelmäßig etwas vorliest. Das erfordert Einsatz und Beharrlichkeit von den Eltern, besonders wenn sie arbeiten und wenig Zeit haben oder wenn die Familie zu groß ist, um für jedes einzelne Kind da zu sein.

Mit den »Problemkindern« beschäftige ich mich einzeln und erkläre ihnen im Gespräch, was Meditation ist und wie wir damit umgehen. Ich hatte zuerst befürchtet, daß sie sich unsicher fühlen könnten, wenn man sie einzeln herausnimmt, aber das Umgekehrte war der Fall: Ihr labiles Ego wurde gestärkt, und sie fühlten sich wichtig. Bei der nächsten Meditation setzte ich sie zu mir, weil ich spürte, daß meine Nähe ihnen half, sich leichter ins Reich der Phantasie entführen zu lassen. Ich machte kein Aufhebens davon, daß sie schwer zur Ruhe kamen und nichts sahen. Ich fragte sie einfach, was ihnen Schwierigkeiten mache.

Es zeigte sich jedesmal, daß sie nicht genau verstanden, was sie zu tun hätten oder wie man »sehen« könne, und daß sie mehr Anleitung brauchten. Ich erklärte ihnen, daß sie meine Worte als Bilder in ihrem Geist »sehen« könnten; es könnten auch andere Bilder auftauchen, solche, die ich nicht beschreiben konnte, und vielleicht hätten sie Lust, mir hinterher davon zu erzählen.

Der Sorgenbaum hat sich bei Meditationen in der Schule als ganz wichtig erwiesen. Oft haben die Kinder, die nicht zur Ruhe kommen können, zu Hause Probleme, vielleicht mit den Eltern oder mit Geschwistern. Die Probleme können auch mit der Schule zusammenhängen oder mit ihren Freunden, und es ist in jedem Fall gut, einen Baum zu haben, an den die Kinder ihre Sorgen anheften können, bevor sie ihren Garten betreten. Wenn sie aus dem Garten zurückkehren, werden sie bestimmt keine Lust haben, ihre Sorgen wieder vom Baum abzunehmen und in den Alltag zurückzutragen.

Der Ton der Stimme

Wenn Sie die Meditationen lesen, werden Sie vielleicht den Eindruck haben, daß sie nicht sehr lang sind. Bitte denken Sie daran, sehr langsam mit einer ganz entspannten Stimme zu sprechen und immer wieder Pausen zu machen, damit das Kind, dessen Augen geschlossen sind und das seine Aufmerksamkeit nach innen gerichtet hat, die Szene leicht visualisieren und sich in sie einfühlen kann. Es ist sehr wichtig, wie Sie Ihre Stimme einsetzen. Sie werden merken, daß es am besten ist, die Stimme etwas zu senken und allmählich immer langsamer zu sprechen – in einem beruhigenden Tonfall. Eine Stimme, die tief und entspannt ist, hat etwas Hypnotisches.

Manche Meditationen sind länger als andere. Wenn Sie müde sind, nehmen Sie am besten eine kurze. Ich habe festgestellt, daß es Kindern weniger um die Länge der Meditation geht, sondern mehr darum, daß *Sie* sie anleiten.

Was ist Meditation?

Wenn ich von Meditation spreche, meine ich eine
Zeit der Stille und der Einkehr, etwas, das jedem
Menschen zugänglich ist, der sich die Zeit nimmt
und die äußeren Bedinungen dafür schafft. Es geht
dabei zunächst um nicht mehr und nicht weniger,
als in möglichst bequemer Kleidung und mit
aufrechter Wirbelsäule still zu sitzen und nichts zu
tun, also Körper *und* Geist ganz ruhig werden zu
lassen. Das ist ziemlich schwierig, weil wir im
täglichen Leben meist genau das Gegenteil tun.

Es ist Sache jedes einzelnen, wieviel Zeit er
oder sie der Meditation widmen will. Wenn Sie
nur fünf oder zehn Minuten erübrigen können,
kann das schon viel sein. Um jedoch in den vollen
Genuß der Meditation zu kommen, sind zwanzig
Minuten besser. Sie können entspannende Musik
im Hintergrund spielen lassen, während Sie
meditieren, aber vielleicht ziehen Sie die Stille vor.

Die Meditationen, die ich in diesem Buch
vorstelle, heißen Visualisationen, Phantasiereisen
oder geführte Meditationen. Dafür lege ich mir
entweder eine ganz bestimmte Szene zurecht, wie
den Garten, in den ich die Kinder führe; oder ich

lasse meinen Geist ganz leer werden wie einen Bildschirm, der auf Empfang geschaltet ist und die Bilder aufnimmt, die auftauchen.

Sie werden bald feststellen, daß regelmäßiges Meditieren Ausgeglichenheit fördert, Spannungen auflöst und von Ängsten und Sorgen befreit, weil Sie einen größeren Abstand zu den eigenen Problemen gewinnen. Die Probleme verschwinden natürlich nicht wie von Zauberhand, aber in der Mediation erkennen Sie vielleicht, wie Sie anders damit umgehen können. Manchmal zeigt sich die Lösung wie von selbst, wenn wir uns Zeit nehmen und ganz still werden.

Dieses Buch wurde in erster Linie geschrieben, um Kindern Freude zu machen und sie auf den Weg der Meditation zu führen. Aber Sie als Eltern führen die Kinder durch die Meditationen – und es versteht sich von selbst, daß Sie eine Erfahrung, die Sie selbst gemacht haben, viel besser und überzeugender an Ihre Kinder weitergeben können.

Mögen diese Meditationen Ihnen so viel Freude machen wie den Kindern, und mögen sie Frieden und Harmonie in Ihr Zuhause und in Ihre Umgebung bringen.

Stern, Schutzengel und Sorgenbaum

 ber deinem Kopf leuchtet ein wunderschöner Stern. Dieser Stern ist ein ganz besonderer Stern. Es ist dein eigener Stern, der nur für dich leuchtet. Er kann jede Farbe haben, die du magst. Vielleicht siehst du einen lila Stern oder rosa – oder blau – oder gelb – oder ist er vielleicht getupft – oder silbern? Da

dieser Stern ganz dir gehört, kann er jede Farbe haben, die dir gefällt.

Dein Stern ist mit weißem Licht gefüllt – mit wunderschönem weißem strahlendem Licht. Stell dir vor, wie dieses Licht zu dir nach unten fließt, bis zu deinem Kopf. Dieses reine Licht fließt jetzt durch deinen Kopf in deinen Körper hinein, bis dein ganzer Körper davon erfüllt ist.

Du spürst, wie das Licht deine Arme hinunterfließt, ganz hinunter, bis es deine Hände erreicht und von dort in jeden einzelnen Finger strömt.

Jetzt fühlst du, wie das Licht deine Brust und deinen Bauch ausfüllt bis hinunter zu den Beinen, und wenn du es dort spürst, dann laß es noch weiter hinunterfließen bis zu den Füßen und in jeden einzelnen Zeh.

Schau nun in dein Herz und fülle es mit Liebe für alle Menschen und Tiere auf der Welt. Sie sind alle deine Freunde, ob sie groß sind oder klein. Kannst du sehen, wie dein Herz größer und größer wird? Es dehnt sich aus, weil du so viel Liebe für all die Menschen und Tiere darin hast, und natürlich auch für dich selbst.

Da wartet schon dein Schutzengel, um dich in seine goldenen Flügel einzuhüllen, bevor er dich in deinen Garten führt. Die Flügel des Engels sind sehr groß und sehr weich, so zart wie Daunen. Jeder Mensch hat seinen eigenen Schutzengel, und dieser Schutzengel sorgt für dich und behütet dich und läßt dich niemals allein. Vergiß nie, daß du jemanden hast, der dich beschützt und der dich lieb hat.

Dein Schutzengel geht jetzt mit dir in einen Garten, es ist dein Paradiesgarten, der schon darauf wartet, daß du kommst; aber vorher kommst du noch an einem großen Baum vorbei, der außerhalb steht. Dieser Baum heißt der Sorgenbaum. Alles, was dich irgendwie beschwert, kannst du an diesen Baum hängen – vielleicht hast du Streit mit deinem Freund oder deiner Freundin gehabt oder irgend etwas in der Schule macht dir Schwierigkeiten. Der Baum nimmt alle deine Sorgen und all deinen Kummer an. Er nimmt alles auf seine Zweige, was du ihm übergeben möchtest.

Der Schutzengel öffnet jetzt das Tor für dich. Du bleibst stehen und staunst – so schöne Farben hast du noch nie gesehen. Sieh nur die Blumen, das weiche Gras, und wie alles duftet – du saugst den Duft durch die Nase ein. Das Gras ist frisch und grün und der Himmel strahlend blau mit kleinen weißen Schäfchenwolken. Dein Garten ist voller Liebe und Frieden.

Vielleicht haben Sie das Gefühl, daß diese Einstimmung sehr lang ist, aber es ist wichtig, die Szene, in die Sie Ihr Kind führen, sehr sorgsam und liebevoll zu erschaffen. Wenn Ihr Kind daran gewöhnt ist, kann die Einstimmung kürzer ausfallen. Der Stern und der Engel müssen dann nicht mehr in allen Einzelheiten beschrieben werden. Es genügt eine kürzere Version wie die folgende:

Über dir leuchtet ein wunderschöner Stern. Der Stern ist mit weißem warmem Licht gefüllt. Laß dieses weiße Licht vom Stern in deinen Körper fließen, bis du es in jedem Körperteil spürst und dein Herz voller Liebe ist für alle Geschöpfe, seien sie groß oder klein.

Dein Schutzengel wartet schon auf dich. Er legt seine goldenen Flügel um dich und geht mit dir zum Sorgenbaum. Laß alles, was dir Sorgen macht, beim Baum. Dann öffnet dein Schutzengel das Tor und geht mit dir in den Garten.

In deinem Garten wachsen die schönsten Blumen; das Gras und die Bäume sind smaragdgrün, und der Himmel ist tief blau mit kleinen weißen Wolken.

Wenn Sie die Szene aufgebaut haben und die Kinder eingetaucht sind, können Sie alles machen, was den Kindern Freude bereiten könnte. Werden Sie selbst wieder zum Kind –

Sie werden überrascht sein, wieviel Freude es Ihnen selbst macht, Ihre Phantasie schweifen zu lassen.

✶ Die Tiere

u schlenderst den Weg
in deinem Garten
entlang und spürst
die warmen Strahlen
der Sonne auf deiner
Haut. Eine sanfte
Brise weht, und du
hörst, wie die Vögel miteinander
zwitschern. Es gibt nichts in deinem
Garten, was dir irgendwie schaden
könnte, alle Wesen leben hier in
Frieden miteinander. Du spürst, wie

liebevoll und sanft alle sind, die hier wohnen.

Dein Weg schlängelt sich durch die Bäume und führt dich zu einem Wasserloch, wo alle Tiere hinkommen, um zu trinken. Du gehst langsam zum Wasser hinunter, und die Tiere nicken dir zu und kommen näher, um dich zu begrüßen.

Die Schildkröten kriechen langsam und bedächtig herum und lassen sich die warme Sonne auf ihren Panzer scheinen. Die stolzen weißen Schwäne stehen am Ufer, und die Enten watscheln laut schnatternd vorüber. Rehe und Hirsche kommen zum Wasser herunter, um zu trinken, und mit ihnen kommen Löwen und Tiger. Du kannst sie streicheln und kraulen, wenn sie zu dir kommen. Das mögen alle Tiere gern,

die hier sind. In deinem Garten gibt es
nur zahme Tiere, denn sie brauchen
hier keine Angst zu haben, und du auch
nicht.

Die dicken Rhinozerosse haben
großen Spaß daran, sich gegenseitig im
Teich zu waschen. Und jetzt kommen
noch die Elefanten dazu. Vielleicht hast
du auch Lust, ins Wasser zu gehen und
mit ihnen herumzuplanschen. Wenn
du ein bißchen müde bist, kannst du auf
den Rücken eines Elefanten klettern
und dich von ihm abduschen lassen.

Da kommen auch noch die Giraffen
und strecken ihren langen Hals zum
Wasser. Wenn du aus dem Wasser
kommst, darfst du bestimmt auf einer
von ihnen reiten. Ja, du kletterst auf
den Rücken einer Giraffe, und los
geht's. Weil du so hoch sitzt, kannst du

in die Baumkronen hineinschauen, und da entdeckst du ein Eichhörnchen, das gerade eine Nuß in sein Nest bringt. Dann steigst du wieder ab, um die Känguruhs zu streicheln, und wenn du ganz vorsichtig bist, darfst du sogar in ihren Beutel schauen.

Ich laß dich jetzt hier, damit du den Garten mit deinen neuen Freunden selbst erkunden kannst. Du kannst zu Fuß gehen oder zur Abwechslung auf einem Tiger reiten. Es gibt hier so viel zu sehen und zu tun...

Großvater Baum

Die Luft ist so rein und frisch, die Blumen duften wunderbar, und die große goldene Sonne schickt sanfte warme Strahlen herunter. Die Bäume winken mit ihren Zweigen zur Begrüßung – sie alle haben darauf gewartet, daß du in deinen Garten kommst, und sie möchten mit dir sprechen. Wenn du genau hinhörst, kannst du sie flüstern hören: »Komm, komm her.«

Da ist ein Baum, der größer ist als alle anderen und ein wenig abseits steht. Er ist sehr sehr alt. Er ist der Großvater aller Bäume, und er ist sehr weise. Es gibt nichts, was dieser Baum nicht weiß. Von Anfang an, als er noch ganz klein war, hat er sich alles gemerkt, was in der Welt um ihn herum geschehen ist.

Er hat einen sehr dicken Stamm und lange dicke Wurzeln, die sich tief und weit in die Erde hineingegraben haben. Dabei sind oben kleine Erdhügel entstanden, auf die man sich setzen kann. Großvater Baum hat viele viele Äste mit hunderttausend grünen Blättern, so vielen Blättern, daß man sich wundert, wie er seine Zweige so hoch in der Luft halten kann.

Eine leichte Brise fährt über das Gras und durch die Blätter, und wenn du ihrem Rascheln eine Weile zuhörst, wird es zur schönsten Musik, die du dir vorstellen kannst.

Du schaust dir den Stamm genauer an, und plötzlich entdeckst du, daß er eine Tür hat mit einem kleinen Griff. Du kannst diese Tür aufmachen und hineingehen. Du schließt die Tür leise hinter dir, und staunend siehst du, daß der Baum innen von goldenem Licht erleuchtet ist. Du erkennst in diesem Licht, daß Pfade hoch hinauf in die Äste führen und tief hinunter in die Wurzeln.

Hast du Lust, den Baum zu erkunden? Du kannst in aller Ruhe entscheiden, in welche Richtung du gehen magst. Was wirst du wohl entdecken? Ich glaube, daß diese Pfade zu Zimmern führen, in denen alles mögliche aufbewahrt ist. Manche sind voll mit Spielsachen. Und es sind immer Menschen da, mit denen du sprechen kannst. Ich bin sicher, daß sie all deine Fragen beantworten können. Wenn du lieber allein bist, brauchst du es nur zu sagen; du darfst dir aussuchen, in welches Zimmer du gehen willst, und du kannst dort tun, was immer du willst.

Ich lasse dich jetzt ein Weilchen hier, damit du deinen Baum in aller Ruhe erforschen kannst...

Die kleine weiße Wolke

ein Schutzengel schließt das Tor hinter dir, und du bist in deinem schönen Garten. Die Farben sind so prächtig und leuchtend, der Himmel ist tief blau, und die Sonne ist ein strahlender goldener Ball. Muntere weiße Wolken ziehen am Himmel vorüber.

Du gehst den Gartenweg entlang und merkst plötzlich, daß eine Wolke vom

Himmel herabschwebt und ganz in deiner Nähe landet. Sie lädt dich zu einer Reise ein.

Ja, du darfst auf die Wolke hinaufklettern. Sie ist weich und flaumig – vielleicht besteht sie aus Watte? Oder gar aus Zuckerwatte? Schau, da ist ein kleiner Sattel für dich, und die Zügel liegen bereit. Du brauchst der Wolke nicht zu sagen, wohin sie fliegen soll, du läßt dich einfach in die blaue Weite des Himmels tragen.

Jetzt läßt du den Planeten Erde unter dir. Wenn du über den Rand der Wolke nach unten schaust, siehst du die Erde wie einen riesengroßen Ball mit vielen verschiedenen Mustern darauf. Du kannst erkennen, daß es Wälder sind und Flüsse und Berge. Die Ansammlungen von Häusern sind Städte; hier stehen die Häuser ganz dicht beieinander, aber da, wo Schafe, Pferde und Kühe grasen, gibt es nur ganz wenige Gebäude. Wenn du ganz genau hinschaust, kannst du ganz ganz unten sogar unser Haus erkennen.

Und weiter geht's; du schwebst friedlich auf deiner weichen Daunenwolke immer weiter nach oben. Je höher du kommst, desto kleiner wird die Erde, bis sie nur noch ein winziger Punkt in der Ferne ist. Schau dich gut um. Du wirst andere kleine Wolken mit Kindern entdecken, Kinder wie du, die von ihrem Garten aus hier herauf geflogen sind und nun auf ihrer Wolke durch den Himmel schweben.

All diese kleinen Wolken machen jetzt bei einer großen Wolke halt. Du kannst von deiner Wolke steigen und auf der großen Wolke spazierengehen. Die anderen Kinder tun das auch. Aber ihr seid gar nicht allein hier oben – hier wohnen nämlich die Wolkenleute. Sie tragen weiße Gewänder und weiche weiße Schuhe und Hüte, und sie haben nur darauf gewartet, daß sie Kindern ihr Land zeigen können. Erwachsene werden nur selten eingeladen und nur dann, wenn sie so viel Phantasie haben wie die Kinder.

Es gibt alles mögliche zu tun auf dieser Wolke. Du wirst bestimmt nicht herunterfallen, selbst wenn du dich über den Rand lehnst und nur noch mit den Fußspitzen auf der Wolke stehst, weil das mit der Schwerkraft im Wolkenland ganz anders ist. Es gibt hier lange glatte Rutschen und Schaukeln und Karussells. Und wenn

du baden willst, schau, da drüben ist
ein Wolkenpool, ganz weiß und
schaumig.

Soviel Spaß kannst du hier haben, ich
glaube, da laß ich dich ein Weilchen
hier...

Die fleißigen Ameisen

Tiefer Frieden herrscht heute abend in deinem Garten. Es ist still, so still, daß du hören kannst, wie die Ameisen im Gras herumkrabbeln. Die Luft ist kristallklar und frisch, und es weht ein leises Lüftchen, das über deine Wangen streichelt und dir sanft durch die Haare fährt.

Kannst du die Ameisen sehen? Sie haben immer etwas zu tun und arbeiten still vor sich hin. Wenn du willst, kannst du selbst so klein werden wie eine Ameise. Wäre das nicht lustig?

Und da merkst du schon, wie du klein und kleiner wirst, bis du genauso klein bist wie eine Ameise. Sieh nur, wie groß die Grashalme jetzt sind, so groß wie Bäume. Und an den Halmen hängen Tautropfen – plop! – das war eine Dusche.

Die Ameisen haben heute abend so viel zu tun, vielleicht magst du ihnen helfen, ihre Nahrung nach Hause zu tragen. Sie können deine Hilfe bestimmt gut brauchen. Sie schleppen alles im Mund, aber dir geben sie einen Korb, damit kannst du die Dinge leichter tragen.

Wenn die Ameisen mit ihrer Arbeit
fertig sind, machen sie sich einen
schönen Abend und spielen und essen
zusammen. Sie laden dich ein, mit
ihnen zu feiern, und bestimmt wird dir
schmecken, was es dort zu essen gibt.
Kleine Früchte und Beeren sind auf
grünen Blättern angerichtet, und zu
trinken gibt es Blütensaft, der ganz süß
schmeckt.

Nicht viele Menschen werden zu
ihren Festen eingeladen, aber du bist
ihr Freund geworden. Sie freuen sich,
daß du bei ihnen bist. Ich glaube sogar,
daß sie eine richtige Party machen, weil
du sie heute besuchst. Alle wollen dich
kennenlernen. Dann viel Spaß auf der
Ameisenparty...

Der Baum, der Fluß und das Boot

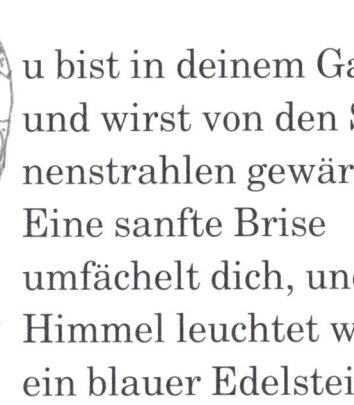

Du bist in deinem Garten und wirst von den Sonnenstrahlen gewärmt. Eine sanfte Brise umfächelt dich, und der Himmel leuchtet wie ein blauer Edelstein.

Du gehst den Weg entlang und kommst zu einem alten, knorrigen Baum. Die Blätter rascheln leise im Wind und bilden ein dichtes grünes Dach über dir.

Du fühlst dich wohl bei dem Baum,
lehnst dich mit dem Bauch an seinen
Stamm und legst deine Arme um ihn;
dabei wirst du selbst immer stärker
und kräftiger, fast so stark und fest
wie der Baum. Von der Erde steigt die
Wärme durch deine Füße, und von
oben fließt die Lebenskraft des
Baumes in dich hinein, und du spürst,
wie lieb du den Baum hast und die
ganze Erde.

Irgendwann läßt du den Baum wieder
los und verabschiedest dich von ihm.
Sag ihm, daß du wieder vorbeikommst,
aber daß du jetzt zum Fluß gehen
willst. Der Baum nickt, und wenn du
seinen Stamm anschaust, entdeckst du
vielleicht, daß er lächelt.

Du hüpfst jetzt den Weg hinunter
zum Fluß. Er strömt friedlich dahin,

und sein Wasser ist so klar, daß du bis auf den Grund sehen kannst. Wenn du willst, kannst du dich ans Ufer setzen und die Füße ins Wasser baumeln lassen. Du schaust den Goldfischen zu, die vorbeischwimmen und auf dem Grund an ihrem Abendessen knabbern.

Ich sehe viele Boote auf dem Fluß. Du würdest gern mit einem mitfahren, und da legt schon eines bei dir an und holt dich ab. Du brauchst nicht zu paddeln, außer du hast Lust dazu; du kannst dich einfach zurücklegen und dich sanft von den Wellen schaukeln lassen. Du spürst, wie wohlig warm die Sonne auf deiner Haut ist.

Während du langsam den Strom hinuntertreibst, fährst du ab und zu unter einer Brücke durch, die von einem Ufer zum anderen einen Bogen

spannt. Auf einer Brücke stehen
Menschen mit Luftballons in der Hand,
und ein paar Ballons sind ins Wasser
gefallen. Wenn du schnell bist, kannst
du vielleicht einen erwischen, bevor er
wegtreibt. Die Menschen winken dir zu.
Vielleicht hast du Lust, mit deinem
Boot anzulegen und die Gegend zu
erforschen. Du könntest über die
Brücke gehen und nachsehen, was auf
der anderen Seite ist – oder du läßt dich
einfach in deinem Boot weiter den Fluß
hinunter treiben...

Die Feen

Der Himmel in deinem Garten ist tief blau, dicke Plusterwolken ziehen vorbei, und die Sonne leuchtet warm und gelb. Es ist so still und friedlich hier. Vor dir siehst du einen Pfad, der sich zwischen den Bäumen durchschlängelt. Du gehst den Weg entlang, bis du zu einer kleinen Lichtung kommst – und wenn du sehr sehr leise bist und ganz vorsichtig hinschaust, kannst du die Feen sehen. Sie haben schon auf dich gewartet.

Du möchtest so gern zu ihnen, aber dafür mußt du erst ganz klein werden. Du brauchst es dir nur zu wünschen, und da bist du es auch schon – genauso klein wie die Feen und die Elfen. Sie sind ganz aufgeregt, daß du sie besuchst, und haben dir ein phantastisches Kostüm in deinen Lieblingsfarben gemacht. Es glitzert und glänzt im Sonnenlicht. Der Stoff ist so leicht, daß er einfach wegschweben würde, wenn du ihn nicht festhalten würdest.

Zu diesem Zauberkleid gehören ein Paar Flügel. Sie sind etwas heller als das Kostüm und schimmern in der Sonne. Du darfst das Kleid und die Flügel anziehen – oh, wie steht dir das gut! Die Feen setzen dir einen Kranz aus Blumen und Gräsern auf, der wunderbar duftet.

Die Feen möchten, daß du mit ihnen zu den Blumen fliegst, für die sie sorgen. Jede Fee hat eine Blume, die zu ihr gehört, und die Fee duftet genau wie diese Blume, und ihr Kleid sieht aus, als wäre es aus deren Blütenblättern gemacht. Als sie ihre Flügel ausbreiten, glänzen die Feen in allen Farben des Regenbogens.

Zwei Feen, eine zu deiner Rechten, eine zu deiner Linken, helfen dir beim Fliegen, weil du ja zum allerersten Mal deine Flügel benutzt. Es ist großartig, frei in der Luft zu schweben. Sie fliegen mit dir zu ihren Blumen, und du landest auf den Blütenblättern, die sich wie Samt anfühlen. Wenn du dich hinlegst, spürst du, wie weich sie sind und ganz warm von der Sonne.

Jetzt merkst du, daß du eine Pause brauchst – schließlich kann Fliegen sehr anstrengend sein. Komm zur Lichtung zurück. Die Feen und Elfen feiern dort ein Fest. Es gibt Feenkekse, Feenbrötchen und Feenlimonade. Du sitzt auf einem kleinen Pfifferling mit einem größeren Pfifferling als Tisch, und du trinkst aus winzigen rosa Muscheln.

Es gibt hier viele Spiele für dich, und ich weiß, wieviel Freude es dir macht, mit diesen kleinen Leuten zu spielen…

Der Wasserfall und die Höhle

al sehen, was du heute in deinem Garten entdecken wirst. Du nimmst dein Springseil und hüpfst damit den Weg hinunter zum Fluß. Unterwegs plauderst du ein wenig mit den Rehen und Hasen, aber es zieht dich zum Wasser. Vom Ufer aus siehst du Segelboote auf dem Fluß und Kinder,

die im Wasser schwimmen. Sie haben
den größten Spaß – hörst du sie lachen?
Einige spielen mit einem Wasserball.
Bestimmt darfst du mitspielen, wenn
du möchtest.

Das Flußufer ist tiefgrün. Es wird von
Trauerweiden beschattet, deren lange,
biegsame Zweige ins Wasser hängen
und von der Strömung ein Stückchen
mitgenommen werden. Du gehst unter
den Bäumen entlang und kommst an
eine Biegung.

Du kannst noch nicht sehen, was
dahinter ist, aber du hörst Wasser-
rauschen, und plötzlich stehst du vor
einem hohen sprühenden Wasserfall.
Die Tropfen fliegen durch die Luft und
fangen die Sonnenstrahlen ein. Sie
sehen wie funkelnde Edelsteine aus, die
in allen Farben glänzen. Du hörst dem

herunterstürzenden Wasser eine Weile
zu, und das Rauschen klingt wie die
schönste Musik in deinen Ohren. Der
Fuß des Wasserfalls ist in eine Wolke
aus Sprühnebel gehüllt.

Wenn du an der Seite hochkletterst
und genau hinschaust, entdeckst du
hinter dem Wasserfall einen Eingang.
Du brauchst scharfe Augen, um die
Öffnung zu sehen. Sie fällt kaum
jemandem auf. Möchtest du heraus-
finden, welche Geheimnisse hier
verborgen sind?

Du gehst hinter dem Wasserfall
durch, ohne einen Tropfen abzube-
kommen, schlüpfst durch den Eingang
und stehst in einer großen hellen Höhle.
Das Donnern des Wassers, das vor der
Höhle herunterstürzt, scheint die Stille
in der Höhle noch zu vergrößern. Du

kannst durch den Wasservorhang auf die andere Seite sehen, aber von dort kann niemand dich sehen.

Du schaust dich in der Höhle um und entdeckst Zeichnungen an der Wand. Sie sind schon sehr sehr lange dort. Die Wasserfallmenschen, die hier vor langer Zeit gelebt haben, müssen sie gemalt haben.

Jetzt entdeckst du, daß von der Höhle weitere Gänge abgehen. Wo mögen sie wohl hinführen? Was ist dort zu finden? Du gehst in einen Gang hinein – auf Schatzsuche. Bestimmt wirst du viele wunderbare Dinge von dort mitbringen...

Die tanzenden Schuhe

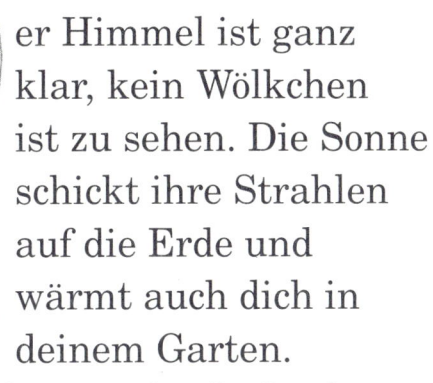

Der Himmel ist ganz klar, kein Wölkchen ist zu sehen. Die Sonne schickt ihre Strahlen auf die Erde und wärmt auch dich in deinem Garten.

Irgend etwas liegt in der Luft, als würde hier gleich etwas Besonderes stattfinden. Die »kleinen Leute« haben auf dich gewartet. Sie haben alles für dich vorbereitet... und schon fängt die

Musik an zu spielen, kannst du sie hören? Es sind Streichinstrumente und eine Harfe.

Die Musik ist einfach himmlisch, Musik, wie du sie nie zuvor gehört hast. Du kannst dich nicht halten, du mußt einfach tanzen.

Die »kleinen Leute« wissen das natürlich, und sie haben extra für dich ein Paar Tanzschuhe angefertigt. Kleine rote Lackschuhe mit einer Samtschleife und einem Absatz in genau der richtigen Höhe. Es sind Zauberschuhe. Wer sie trägt, kann tanzen und tanzen und will nicht mehr aufhören, solange die Musik spielt.

Hättest du nicht Lust, für all die kleinen Leute zu tanzen? Sie warten schon darauf. Du machst einen Schritt in die Mitte, und wie von selbst

beginnst du dich zu wiegen und zu
drehen und zu hüpfen und zu springen.
Die Töne bewegen deine Glieder wie
von selbst. Es macht dir so viel Spaß,
vor den »kleinen Leuten« zu tanzen, daß
du am liebsten nie mehr aufhören
möchtest, und ihnen scheint das
Zuschauen genauso viel Freude zu
machen. Sie klatschen immer wieder
begeistert in die Hände.

Irgendwann hört die Musik auf, und
du legst dich selig unter einen großen
Pilz, um auszuruhen. Von dort kannst
du dem lustigen Treiben weiter
zusehen. Der Pilz ist wie ein großer
Sonnenschirm, der dir Schatten
spendet. Du läßt dich ins Moos
zurücksinken, das so weich ist wie ein
großes Daunenkissen. Eigentlich
möchtest du deine Schuhe ausziehen,

aber sie sehen so hübsch aus, daß du dich nicht gern von ihnen trennst.

Nachdem du dich ausgeruht hast, stehst du wieder auf, vielleicht um weiterzutanzen, oder du schaust mal nach, was es unter den anderen Pilzen zu entdecken gibt...

Der Zaubersee

Heute abend höre ich die Vögel zwitschern. Sie singen noch einmal aus voller Kehle, bevor es Nacht wird und sie ihre Köpfe unter die Flügel stecken. Die Nachtigall singt für dich ein Abendlied, eine ihrer schönsten Melodien. Die Eichhörnchen haben aufgehört, Nüsse zu sammeln, die Ameisen haben alles in ihr großes Haus geschafft, und die Bienen füttern ihre Königin mit dem Nektar, den sie tagsüber gesammelt haben. Die weise Eule schaut mit ihren großen runden Augen von dem Ast herab, auf dem sie sitzt, die Frösche quaken im Teich, und dort drüben sehe ich ein rotgetigertes Kätzchen, dem die Mutter gerade beibringt, wie man sich putzt.

Du spazierst durch deinen Garten und hörst all die Tierstimmen und kommst an einen spiegelglatten See. Du gehst an sein Ufer, beugst dich nach vorn und schaust tief tief hinein. Zuerst siehst du dein Spiegelbild, aber ein paar kleine Wellen tragen es davon, und der See ist wieder glatt wie Glas.

Es ist ein Zaubersee. Du kannst ohne Taucherbrille und ohne Schnorchel unter seiner Oberfläche schwimmen, denn im Zaubersee kannst du genauso gut atmen wie an Land. Wenn du spürst, daß sich das Wasser über deinem Kopf schließt, kannst du die Augen öffnen.

Unten im See ist es ganz hell, der Mond scheint ins kühle grüne Wasser. Wo du hinschaust, schwimmen Fische in den schönsten Farben – leuchtend blaue mit roten Streifen, schwarze mit türkisen Tupfen, silberne mit Regenbogenstreifen. Sie blitzen und glänzen und funkeln im klaren Wasser deines Zaubersees.

Wenn du dich umblickst, siehst du überall bunte Korallen. Sie haben seltsame Formen und leuchten rosa im Mondlicht, das in langen silbrigen Strahlen in die Tiefe fällt.

Weiter unten begegnen dir die großen Tiere des Meeres – Wale, Delphine und Haie. Sie spielen alle glücklich miteinander. In diesem Zaubersee gibt es nichts zu fürchten – alle sind Freunde.

Auf dem Grund des Sees wirst du Sandhäuser finden. Sie haben keine Türen, und es gibt auch kein Glas in den Fenstern. In den Gärten wächst Seegras, das sich in der sanften Strömung wiegt. Muscheln liegen in den Gärten, und darin leben winzige Meeresgeschöpfe.

Hier unten wohnen die Wasserleute, die nach Belieben aus ihren Häusern heraus- und wieder hineinschwimmen können. Sie lieben den Frieden und die Ruhe am Grund dieses Sees, und sie freuen sich, wenn du eine Weile bei ihnen bleibst. Sie können dir eine neue

Welt zeigen, ganz anders als die, die du
schon kennst. Laß dich einfach mit
ihnen forttreiben...

Der Pandabär

Die Luft ist frisch und rein in deinem Garten; die Sonne sendet sanfte Strahlen aus, die deinen Körper wärmen und streicheln. Am Himmel stehen Schäfchenwolken, und die Vögel zwitschern.

Die Bäume und das Gras sind saftig grün, und du siehst Glockenblumen und Rosen in allen Schattierungen. Dazwischen sind Tausendschönchen und Margeriten, die vom Wind umfächelt werden und mit ihren Köpfchen nicken.

Dort in deinem Garten wartet jemand auf dich, jemand, der sehr geduldig ist. Weißt du, wer das ist? Du könntest mal den Weg weitergehen bis zu dem alten Baum und nachschauen. Vielleicht spielt da jemand Verstecken – ja, du hörst es rascheln, schnell, lauf auf der anderen Seite um den Stamm herum.

Ah, da ist er ja! Ein großer schwarz-weißer Pandabär wartet auf dich. Du kletterst auf seinen Schoß und legst die Arme um seinen Hals. Wie gemütlich und warm sein Fell ist! Dieser Pandabär mag es, wenn sich Kinder an ihn kuscheln und ihn kraulen – da, er hält dir ein Stück Bambus zum Essen hin, warum versuchst du es nicht einmal?

Der Pandabär hat dir viel zu
erzählen. Er möchte dir zeigen, wo Frau
Pandabär mit ihren Kindern wohnt,
damit du mit den kleinen Bären spielen
kannst. Er nimmt dich an der Hand
und führt dich einen Weg entlang, den
du noch nie gegangen bist. Die Bäume
beugen sich herab und begrüßen dich,
und die Steine machen dir Platz, damit
du nicht über sie stolperst.

Vor dir ist ein Bamubsdickicht, und
tief drinnen versteckt wohnt die
Familie des Pandabären. Du gehst
hinter ihm her und siehst auf dem Weg
ein paar bunte Bälle liegen. Warum
hebst du sie nicht auf und bringst sie
den Pandakindern mit? Sie sehen selber
aus wie runde Bälle aus Fell mit ihren
kleinen schwarzen Knopfaugen. Der
Pandabär möchte, daß du dich auf sein

Knie setzt, während er seinen Kindern
eine Geschichte erzählt. Ob du diese
Bärengeschichte wohl schon kennst…

Die Schmetterlinge

ie Luft ist frisch, eine leichte Brise streicht über deine Wangen, und die Sonne scheint auf dich herab. Das grüne Gras ist wie ein weicher Teppich unter deinen Füßen, und die großen Bäume breiten ihre Zweige schützend über die kleineren Pflanzen.

Als du den Weg entlang gehst, siehst du, daß heute alles voller Schmetterlinge ist. Sie haben die allerschönsten Farben und Muster. Sieh nur, wie fein ihre Flügel sind, die Feen könnten sie gewebt und mit den schönsten Regenbogenfarben bemalt haben.

Du schaust den Schmetterlingen nach, wie sie zu den Blumen fliegen, auf ihren Blütenblättern landen und jede einzeln begrüßen: »Hallo«, sagen sie zur Blume, »wie geht es dir heute?«

Sie haben bemerkt, daß du ihnen zuschaust, und sie laden dich ein, mitzukommen und mit den Blumen und den Pflanzen zu sprechen. Aber sie sehen, daß du dafür Flügel brauchst. Die Schmetterlingskönigin hat Flügel und Kleider unter dem roten Rosenbusch für dich zurechtgelegt.

Die Flügel glänzen in der Sonne. Sie sind gold, schwarz und bernsteinfarben

mit einem Hauch Silber, und die
Kleider sind aus weicher gelber Seide
mit feinen schwarzen Streifen.

Du ziehst alles an und bist bereit, mit
den Schmetterlingen loszufliegen. Die
Schmetterlingskönigin möchte, daß du
an ihrer Seite bleibst, denn du bist ihr
ganz besonderer Gast. Es macht ihr
Freude, mit dir zu den allerschönsten
Blüten zu fliegen.

Während du mit den Schmetterlingen
fliegst, hörst du sie ihr Abendlied
summen, und du stimmst leise mit
ein...

Die Wolken

u kommst in deinen
Garten und merkst
als erstes, wie weich
die Luft ist, die über
deine Wangen streicht,
und wie warm die
Sonnenstrahlen auf
deiner Haut sind.

Der Himmel ist tiefblau, aber dabei
hell und klar. Die goldene Sonne steht
hoch am Himmel und wärmt die Erde
mit ihren Strahlen.

Der Weg vor dir führt durch die Blumenwiesen hinauf zu einem Hügel, der leicht zu besteigen ist. Oben angekommen suchst du dir ein weiches Plätzchen im Gras, legst dich auf den Rücken und schaust in den Himmel.

Die Wolken ziehen langsam vorüber, werden größer und kleiner und verändern ständig ihre Form.

Wie du so behaglich auf dem Rücken liegst, schaust du noch genauer hin, und da entdeckst du ganz ungewöhnliche Formen, Tiere kommen zum Vorschein und sogar Gesichter – könnte das nicht dein Großvater sein? Oder deine Großmutter? Oh, da sehe ich eine kleine Katze, und nicht nur eine. Das muß eine ganze Katzenfamilie sein.

Die Wolken stehen nie still und bilden immer neue Formen. Man kann Berge sehen und Schlösser und Tiere und ganze Städte. Es ist so schön, hier zu liegen und den Wolken zuzuschauen, wie sie vorbeiziehen und sich immer neu verwandeln…

Die Vögel

Heute ist es in deinem Garten sehr still und friedlich. Riechst du, wie die Blumen duften? Die Sonne hüllt alles mit ihrer Wärme ein; das Blau des Himmels ist hell und zart. Die großen Bäume werfen ihren schützenden Schatten über die kleinen Pflanzen, die sich nach oben drängen und groß werden wollen.

Während du deinen Weg entlang gehst, hörst du die Vögel zwitschern. Du schaust dich um, und es kommt dir vor, als hättest du hier noch nie so viele Vögel gesehen, Vögel in allen Farben und aus allen Ländern. Die Krähen krächzen um die Wette, ein paar Spatzen streiten sich um einen Wurm, bunte Papageien unterhalten sich mit ihren kratzigen Stimmen.

Da gibt es glatte weiße Papageienvögel mit gelben Häubchen, das sind die Kakadus; andere sind rosa, grau und weiß. Sie plustern ihre Federn auf, besonders ihren Kopfschmuck, damit du auch siehst, wie schön sie sind. Da drüben ist ein Baum voller Buntsittiche. Sie leuchten aus den Zweigen hervor mit ihren grünen, roten, blauen, orangen und gelben Federn.

Schau mal, wer da den Weg entlang kommt – zwei Straußenvögel. Es sind lustige Gesellen mit dickem Federleib, dürren Beinen und einem kleinen Kopf auf dem langen Hals. Sie schwanken beim Gehen hin und her und recken ihre Schnäbel – vielleicht wollen sie ein Stückchen Brot. Du reichst es ihnen hin, und sie picken es vorsichtig aus deiner Hand. Ich glaube, der eine heißt Strupp und der andere Stroll.

Jetzt kommt noch ein Pfau daher. Er will dir zeigen, was er für wunderbare Federn hat, und schlägt mit seinen Schwanzfedern ein großes rundes Rad. Was für eine Pracht! Du kannst dich gar nicht sattsehen an den türkisen und nachtblauen Pfauenaugen. Der Pfau weiß ganz genau, wie schön er ist, und möchte, daß ihn alle bewundern.

Du schaust nach oben und siehst zwei
weiße Tauben über deinem Kopf
kreisen. Sie suchen einen Platz zum
Landen. Eine hat sich deinen Kopf als
Landeplatz ausgesucht; sie läßt sich
sanft darauf nieder, und jetzt knabbert
sie zart an deinem Ohrläppchen und
zwitschert: »Danke, daß ich hier sitzen
darf.«

Viele verschiedene Vögel haben sich
heute in deinem Garten getroffen, und
jeder schenkt dir eine Feder zur
Erinnerung an diesen besonderen Tag.

Magst du ein bißchen weitergehen
und schauen, ob da Vögel sind, denen
du noch nicht begegnet bist...

Die Sandburg und der Schwan

ein Schutzengel geht neben dir den Weg in deinem Garten entlang. Riechst du, wie das frische Gras duftet? Die Sonne wärmt deinen Körper, und du fühlst dich pudelwohl und in Frieden mit der Welt.

Du atmest die frische, saubere Luft ein und spürst, wie sie deine Lungen reinigt.

Du folgst dem Weg und kommst zu einem großen freundlichen Baum, der an einer Flußbiegung steht. Du lehnst dich gegen seinen Stamm und hast das Gefühl, als würde er seine blättrigen Arme um dich legen, während du auf den glitzernden Fluß schaust. Das Wasser fängt die Sonnenstrahlen auf und spiegelt den blauen Himmel.

Hast du nicht Lust, dort im Sand am Flußufer zu spielen? Du könntest eine Sandburg bauen mit hohen Türmen und Torbögen, und wenn du Wasser brauchst, um den Sand fest zu machen – hol es dir einfach aus dem Fluß. Vielleicht möchtest du sogar ein paar Möbel in die Sandburg stellen, und wenn du ein buntes Blatt findest, könntest du es als Fahne auf den höchsten Turm setzen.

Wenn du genau hinschaust, siehst du kleine Krabben über den Sand flitzen. Manche würden vielleicht gern in deiner Burg leben – aber dazu brauchen sie natürlich deine Erlaubnis.

Schau mal zum Wasser, wer da kommt... Es ist ein weißer Schwan. Wie majestätisch er über das Wasser gleitet, und wie anmutig er seinen Hals bewegt. Auf seinem Rücken ist ein kleiner Sitz mit einem roten Samt- kissen und einem Schirm, um deinen Kopf vor der Sonne zu schützen.

Du winkst ihm, und er kommt ans Ufer, so daß du aufsteigen kannst. Wie herrlich es ist, auf dem Rücken des Schwans den Fluß hinunter zu gleiten und die Landschaft langsam vorbei- ziehen zu sehen. Einmal kommt ihr so nah ans Ufer, daß die Zweige der

Trauerweiden über euch hängen und du die Menschen siehst, die dort Picknick machen. Du läßt eine Hand ins Wasser hängen und schiebst die Wasserlilien beiseite. Wenn du ganz tief ins Wasser schaust, siehst du goldene Fische vorbeischwimmen...

Der Regenbogen

In deinem Garten hat es geregnet, aber die Sonne schaut wieder hinter den Wolken hervor, und du spürst ihre Wärme und den Frieden und die Freude in deinem Garten. Der Himmel ist schon fast wieder ganz blau, obwohl die Blätter und das Gras noch voller Wassertropfen hängen. Die Blumen sehen aus, als hätte ihnen eine sanfte Hand das Gesicht gewaschen.

Schau mal da hinten, ganz weit hinten – da ist ein Regenbogen! Er sieht aus, als hätte ihn jemand gemalt, weil man sich gar nicht vorstellen kann, wie etwas so Herrliches sonst an den Himmel gekommen sein könnte.

Wie wirst du wohl hinkommen? Zu Fuß ist es sehr weit, du würdest sehr lange brauchen. Warum wünschst du dich nicht einfach hin? Wünsche können wahr werden, und du brauchst nur ganz ganz fest an den Regenbogen zu denken, und schon bist du da.

Schau nur die Farben, es sind Farben, mit denen du auch deine eigenen Bilder malst – Rot, Gelb, Grün, Orange, Gold, Silber, Weiß, alle möglichen Farben.

Möchtest du wissen, was auf der anderen Seite des Regenbogens ist? Wie wirst du hinüberkommen? Wirst du hinaufklettern? Oder gibt es eine Treppe? Vielleicht gibt es einen Lift, der dich hinüberbringt, oder du denkst wieder ganz fest daran und wünschst dich einfach hinüber.

Und schon ist es passiert. Jetzt bist du auf der anderen Seite des Regenbogens. Es ist genauso schön hier, aber doch ganz anders – alles ist in Regenbogenfarben getaucht, denn jetzt bist du im Regenbogenland.

Und schon kommen die Regenbogenleute, um dich zu begrüßen. Ihre Kleider sind aus Blättern gemacht und glänzen in allen Farben des Regenbogens. Ihre Schuhe haben lange Spitzen, die sich über den Zehen zusammenkringeln. In der Ferne siehst du ihre Häuser, aber du brauchst nicht zu Fuß gehen. Du brauchst dich nur hinzuwünschen. So machen das nämlich die Regenbogenleute, wenn sie von einem Ort zum andern wollen.

Ich lasse dich jetzt bei den Regenbogenleuten, denn bestimmt wollen sie dir ganz viel zeigen…

Die Blumen und die fleißigen Bienen

iechst du den Duft der Blumen? Jede Blume hat ihren eigenen Duft, der zu einer Wolke zusammenfließt, und diese Duftwolke schwebt über den Blumenfeldern. Du hast Glück, daß du heute abend hier bist. Es ist eine besondere Stunde: Die Blumen öffnen sich und zeigen denen, die kommen, ihre Geheimnisse.

Du gehst durch die Felder und spürst,
wie die Blumen dich berühren. Sie sind
sehr liebevoll und freuen sich, wenn sie
Kindern, die sie behutsam behandeln,
ihre Schönheit zeigen können.

Schau, wie die Bienen eifrig Nektar
von den Blüten sammeln. Sie tragen
ihn in den Bienenstock und machen
Honig daraus. Die Bienen sind in
Schwarz und Gold gekleidet und haben
sehr feine Flügel. Möchtest du für ein
Weilchen eine Biene sein?

Schließ ganz fest die Augen und sieh,
wie du kleiner und kleiner wirst, bis du
die Größe einer Biene hast. Jetzt bist
du genauso groß wie die Bienen, und sie
lächeln dir zur Begrüßung zu. Sie
freuen sich, daß sie Besuch bekommen,
während sie arbeiten. Sie bringen dir
Bienenkleider und passende Flügel.

Zieh sie an, und du kannst sie auf ihrer Reise von Blume zu Blume begleiten.

Jetzt fliegst du mit ihnen von einer Blüte zur nächsten. Der Duft wird immer stärker. Die Bienen summen bei ihrer Arbeit, und du merkst, daß du genauso summen kannst wie sie.

Möchtest du mal ins Herz einer Blume schauen?

Tief drinnen, in der Mitte findest du eine kleine Tür, die du aufmachen kannst. Warum gibst du den Bienen nicht ihre Kleider zurück und verabschiedest dich von ihnen? Sag ihnen, daß du mal sehen möchtest, was hinter der Blumentür ist.

Die Tür hat einen goldenen Griff, und die Tür selbst ist aus Samt. Du schlüpfst hinein, und da triffst du auf die emsigen Blumenleute. Sie rennen hin und her, und sorgen dafür, daß der Duft immer gleichmäßig aus der Blüte strömt. Sie freuen sich sehr, daß du gekommen bist, und hoffen, daß du ein Weilchen bei ihnen bleibst...

Die Tänzerin und die Schaukel

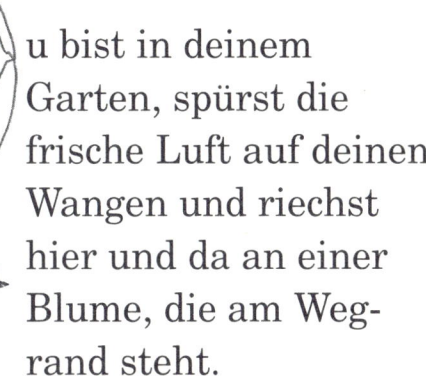

u bist in deinem Garten, spürst die frische Luft auf deinen Wangen und riechst hier und da an einer Blume, die am Wegrand steht.

Du gehst den Weg entlang, bis du zu dem alten weisen Baum kommst. Er hat ein Geschenk für dich. Du legst die Arme um seinen Stamm und spürst, wie seine Kraft in dich hineinfließt und

dich stärker und stärker macht. Da
flüstert er dir etwas in dein Ohr. Er
sagt: »Schau hinauf in meine Zweige«,
denn dort hat er das Geschenk
versteckt.

An einem Zweig entdeckst du das
schönste Ballettkostüm, das du dir
vorstellen kannst, mit kleinen rosa
Ballettschuhen und einem Kopfschmuck aus Edelsteinen. Du probierst
es an, und alles paßt wie angegossen.
Du wiegst dich hin und her, und schon
bald drehst du anmutige Pirouetten.

Die Kaninchen und die Rehe kommen,
um dir beim Tanzen zuzusehen. Alle
Tiere, die hier wohnen, hören die Musik
und kommen nach und nach dazu. Der
Wind flüstert durch die Blätter und
macht eine Musik, wie sie schöner nicht
sein könnte. Du tanzt und tanzt, als

wolltest du nie mehr aufhören, dich zu
drehen, zu springen und zu hüpfen.

Schwäne kommen den Fluß
heraufgeschwommen. Siehst du die
Wellenmuster hinter ihnen? Es scheint,
als würde selbst das Wasser zur Musik
tanzen. Sogar die Affen oben in den
Bäumen, die vorher noch so viel
Klamauk gemacht haben, sind jetzt
ganz still geworden und schauen dir
beim Tanzen zu.

Irgendwann fällst du selig ins Gras,
um dich auszuruhen. Da siehst du, daß
am dicksten Ast des alten Baumes eine
Schaukel hängt. Sie ist mit einer
großen Schleife in deiner Lieblingsfarbe
geschmückt, und der Sitz ist ganz mit
Samt überzogen.

Gleich wirst du wieder munter und
kletterst auf die Schaukel. Die Baum-

leute stoßen dich an, und du spürst, wie die Luft an dir vorbeizischt, während du höher und höher schaukelst. Halt dich gut fest, aber keine Angst, selbst wenn du herunterfällst, landest du im weichen Gras. Jedesmal wenn die Schaukel nach unten saust, jauchzt du vor Vergnügen, weil es so schön im Bauch kitzelt, und dann steigst du wieder höher und höher, bis du mit den Füßen fast an den Himmel stößt. Du fühlst dich frei wie ein Vogel und darfst schaukeln, solange du willst...

Dein Geburtstag

lles lacht und freut sich heute in deinem Garten. Die Vögel singen, die Bienen summen, und die bunten Schmetterlinge schaukeln von einer Blüte zur nächsten. Schau nur, wie blau der Himmel ist. Die Sonne ist ein goldener Ball, der seine Strahlen zur Erde herunterschickt. Die Tiere sind ganz aufgeregt, und auch die

kleinen Leute, die du manchmal
besuchst. Sie alle wissen, daß du heute
Geburtstag hast.

Geburtstage sind sehr wichtig. Du
feierst den Tag, an dem du auf die Welt
gekommen bist und so viel Glück in
deine Familie gebracht hast.

Die Tiere haben sich alle schön
gemacht, sie haben ihren Pelz gebür-
stet, und ihre Zähne blitzen in der
Sonne. Die Feen fliegen von Blume zu
Blume und bitten sie, ihre Blüten-
blätter zur Begrüßung ganz weit zu
öffnen. Die Elfen sitzen auf den Pilzen
und winken dir zu. Die Bäume wedeln
mit den Zweigen und lächeln dich an.
Unter einem Baum steht deine Geburts-
tagstorte. Der Baum breitet seine
dichten Äste darüber und paßt gut auf,
daß sie keine Sonne abkriegt.

Was für eine prächtige Torte. »Viel Glück« steht darauf und »für unsere(n) liebe(n) ...« Alle stehen im Kreis um dich herum und singen »Zum Geburtstag viel Glück«, und dann bläst du die Kerzen aus.

Die Regenbogenleute haben einen besonders schönen Regenbogen für dich an den Himmel gemalt, und die Wolkenleute zaubern wunderschöne Muster und Formen aus ihren Wolken. Schau nur hinauf, da lehnen sie sich über den Rand ihrer Wolken und winken dir zu.

Dein Geburtstagstisch ist auf einem großen Pilz gedeckt. Er ist voll beladen mit allem, was du am liebsten ißt. Also setzt euch um den Pilz, und dann bekommt jeder erstmal ein Stück von deiner Geburtstagtorte.

Horch mal – ich kann Musik hören.
Am liebsten würdest du tanzen. Oder
willst du erst die Geschenke aufmachen? Sie sind alle so schön einge-
packt in buntes Papier mit großen
Schleifen. Du bist sicher gespannt, was
drin ist...

Beim Weihnachtsmann in der Werkstatt

eute ist es dunkel und geheimnisvoll in deinem Garten. Dicker Schnee liegt auf den Ästen, der Mond scheint silbrig durch die Zweige, und auf jeder Baumspitze sitzt ein kleiner Engel.

Ich höre etwas! Es klingt wie Glöckchen an einem Schlitten und wie das Trappeln von kleinen Hufen im Schnee.

Das kann nur der Weihnachtsmann in seinem Rentierschlitten sein.

Und da biegt er schon um die Kurve, hält genau vor dir und lächelt dich so freundlich an, daß du gleich mitfahren möchtest. Er trägt ein langes rotes Gewand und eine goldene Bischofsmütze. Die acht Rentiere scharren mit den Hufen, der Weihnachtsmann hebt dich auf den Schlitten, und los geht die Fahrt.

Der Schlitten ist groß und gemütlich. Überall hängen kleine Silberglöckchen. Ein Fell liegt bereit, in das du dich kuscheln kannst, denn wo der Weihnachtsmann wohnt, ist es sehr kalt. Du darfst neben ihm auf dem Kutschbock sitzen, und du hältst dich an ihm fest, als der Schlitten in den Himmel abhebt. Der Weihnachtsmann ruft

»Ho! Ho! Ho!« und läßt die Peitsche
knallen.

Jetzt landet ihr auf einer schnee-
bedeckten Wiese. Hinten bei den
Bäumen siehst du das Haus vom
Weihnachtsmann. Niemand würde es
finden, der nicht mit ihm selbst hierher
gekommen ist. Es ist ein großes weißes
Haus mit roten Fensterläden und
Türen. Von den Türmen wehen rote und
grüne Fahnen.

Der Weihnachtsmann geht mit dir in
seine Werkstatt, wo die Engelchen
schon eifrig an der Arbeit sind. Sie
brauchen viele viele Spielsachen für die
Kinder, besonders für die, die nur wenig
haben. Die Werkstatt, in der alles
hergestellt wird, ist sehr aufregend. Da
gibt es Eisenbahnen, Puzzles, Bücher,
Busse, Autos, Puppen, Teddybären,

Puppenhäuser und alles, was sich die
Kinder gewünscht haben. Hast du Lust,
den Engeln zu helfen?

Wenn alles fertig und schön verpackt
ist, steigst du mit dem Weihnachtsmann in den Schlitten und bringst die
Spielsachen zu allen Kindern in der
Welt. Kannst du dir ihre Gesichter
vorstellen, wenn sie aufwachen und
sehen, daß der Weihnachtsmann
dagewesen ist? Und niemand weiß, daß
der Weihnachtsmann in diesem Jahr
einen kleinen Helfer gehabt hat...

Das Christkind ist geboren

eute abend ist dein Garten in ein ganz besonderes Licht getaucht. Du schaust zum Himmel hinauf und siehst einen riesigen Stern mit einem langen Schweif, wie du noch nie einen am Himmel gesehen hast. Sein Licht fällt auf die Erde herab. Die Tiere sind ganz aufgeregt. Etwas Besonderes liegt in der Luft.

Siehst du dort im Osten die drei Männer über den Hügel kommen? Sie lassen sich vom Licht des Sterns leiten. Als sie näherkommen, siehst du, daß die Reisenden lange prächtige Gewänder tragen. Ihre Haare sind silbrig, und alle drei haben lange Bärte. Sie beeilen sich, weil sie wissen, daß das Christkind geboren ist, und der Stern zeigt ihnen den Weg. Sie nehmen dich an der Hand, und du gehst mit ihnen. Der Stern weist euch den Weg, und plötzlich siehst du vor dir, an einen Hügel geduckt, eine Holzhütte, die aussieht wie ein Stall.

Die drei Weisen schieben dich vor. Du sollst das neugeborene Kind als erstes sehen.

Du öffnest die Tür und bleibst staunend stehen. Da liegt das Kind

direkt vor dir in den Armen seiner
Mutter Maria. Es geht ein Glanz von
ihm aus, der den ganzen Stall erhellt.
Josef wacht über Mutter und Kind, und
Ochs und Esel stehen ganz dicht
daneben, um das Kind zu wärmen.
Maria und Josef freuen sich, daß du mit
den drei Weisen gekommen bist, und sie
begrüßen euch ganz herzlich. Das Baby
lächelt dir zu, und dabei wird dir ganz
warm im Herzen.

Möchtest du das Baby einmal halten?
Frag nur, ich glaube, daß Maria es dir
erlaubt. Sie hält dir den kleinen Jesus
hin, und du nimmst ihn in deine Arme
und schaust in seine Augen…

Die drei Weisen haben Geschenke
mitgebracht für das Kind und seine
Eltern. Hast du vielleicht auch ein
Geschenk?

Du darfst die Nacht bei der heiligen Familie verbringen. Schließlich wird heute die Geburt des kleinen Jesus gefeiert...

Der Osterhase

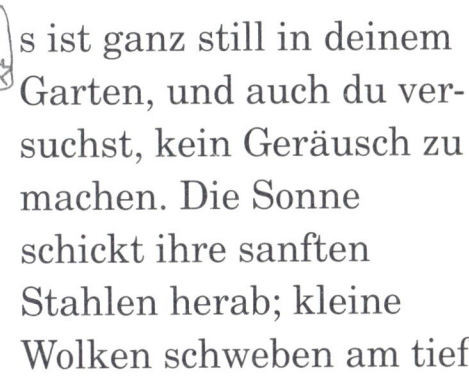

Es ist ganz still in deinem Garten, und auch du versuchst, kein Geräusch zu machen. Die Sonne schickt ihre sanften Stahlen herab; kleine Wolken schweben am tief blauen Himmel und fangen das Sonnenlicht ein.

Horch mal. Was raschelt da hinten in den Büschen? Du kannst hingehen und nachschauen, aber sei ganz ganz leise, damit du niemanden erschreckst. Du biegst die Zweige auseinander, und wen siehst du da? – Den Osterhasen!

Er hat sich fein herausgeputzt mit seinen besten Kleidern. Er trägt einen neuen karierten Anzug, und zwischen seinen Hängeohren sitzt ein fescher roter Hut. Er hat einen großen Korb auf dem Rücken. Ich glaube, wenn du zu ihm gehst und fragst: »Entschuldige bitte, darf ich mal reinschauen?« würde er dir das sogar erlauben.

Der Korb ist sehr groß und sehr schwer. Was meinst du wohl, was drinnen ist? Ostereier, lauter bunte Ostereier! Das ist ja toll! Er wird sie im Garten verstecken, damit die Kinder sie suchen können, aber weil der Korb so groß und voll ist, wird er sich freuen, wenn du ihm hilfst.

Da ist ein kleiner Korb für dich, den
du mit Eiern füllen kannst, um sie für
die Kinder zu verstecken. Du kannst sie
unter Blumen legen, in ein Kaninchen-
loch, hoch oben in eine Astgabel, wohin
du willst. Sicher findest du viele gute
Verstecke.

Jetzt sind alle Eier versteckt. Der
Osterhase bläst in seine Trillerpfeife,
und alle Kinder kommen in den Garten
und beginnen zu suchen. Sie laufen
aufgeregt hin und her und kreischen
vor Freude, wenn sie ein Ei gefunden
haben.

Da kommt Frau Osterhase mit ihren
Jungen. Sie freuen sich, daß alle so viel
Spaß haben beim Suchen. Sie lädt euch
alle in ihre Hütte ein, da gibt es Musik
und Limonade und Spiele für die
Kinder…

Osternacht und Ostermorgen

u spürst, daß heute nacht etwas sehr Aufregendes in deinem Garten geschehen wird. Es ist ganz still, und eine Spannung liegt in der Luft.

Du gehst den Weg entlang und sprichst unterwegs mit den Bäumen und den Tieren, bis du zu einem Hügel kommst, wo ein großer Felsen vor dem Eingang zu einer Höhle liegt.

Wenn du ein bißchen wartest, werden noch andere Leute kommen. Sie starren auf den Felsen, den man unmöglich fortbewegen kann, und du verstehst nicht, warum sie so traurig aussehen. Du hörst ein Knirschen und… nicht möglich, der Felsen bewegt sich ein ganz klein wenig von seinem Platz. Ich glaube, außer dir hat das noch keiner gemerkt. Dieser riesige, schwere Felsbrocken, den keine zehn Männer wegrücken könnten, bewegt sich ganz von selbst.

Da öffnet sich der Eingang zur Höhle, und innen strahlt ein Licht wie von Zauberlaternen. Ein Mann in einem wallenden Gewand kommt heraus und bringt das Licht mit sich. Er bleibt stehen und breitet die Arme aus, und du siehst, daß das Licht aus seinem ganzen Körper strahlt. Das ist Jesus, der von den Toten auferstanden ist. Jesus möchte dich umarmen und dich in sein Licht einhüllen. Er will dir sagen, daß es keinen Tod gibt, daß der Geist weiterlebt und daß er immer bei dir ist. Er nimmt dich an der Hand und führt dich und die anderen in die Stadt, damit alle Menschen die Schönheit seines Lichts und seines Wesens sehen können. Er lächelt zu dir herab, und du bist glücklich, daß du deine Hand in seine gelegt hast und mit ihm gehst…